NOTICE

SUR LE

SANCTUAIRE DE SUBIACO

ET DE LA

MÉDAILLE OU CROIX DE SAINT BENOIT ABBÉ,

avec la Formule

DE LA BÉNÉDICTION PATRIARCALE

DES MOINES OCCIDENTAUX

et le Sommaire des Indulgences selon la Constitution
de BENOIT XIV.

PAR L. PALLARD.

Faisant suite au

RECUEIL DE TIERS-ORDRES, ARCHICONFRÉRIES....

ET SANCTUAIRES, DU MÊME AUTEUR

En vente chez Jacques LECOFFRE, libraire à Paris et à Lyon.

Approuvé par la S. Congrégati on des Indulgences.

LYON

IMPRIMERIE CATHOLIQUE PERISSE FRÈRES

Rue Mercière, 47,

JULES NICOLLE, SUCCESSEUR.

PARIS	ROME
VICTOR SARLIT, LIBRAIRE	MERLE, LIBRAIRE
Rue Saint-Sulpice, 25.	au Corso.

DECRETUM.

Cum præsens opusculum tui titulus : *Sanctuaire de Subiaco et Médaille de saint Benoît*, Indulgentias recenseat authenticis documentis conformes permittitur ut typis imprimatur et publicetur.

Datum Romæ ex Secretariâ S. Congregationis indulgentiarum die 10 julii 1865.

L. ✝ S.

Antonius Mª CARD. PANEBIANCO, *Præf.*

Philippus Can. Cossa, *Substitutus.*

Lyon. — Impr. de J. Nicolle.

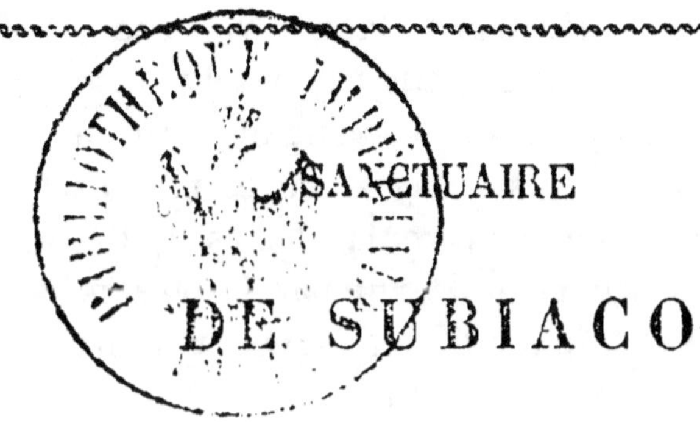

SANCTUAIRE

DE SUBIACO

ET

MÉDAILLE ou CROIX de SAINT BENOIT.

Saint Benoit, fondateur de l'Ordre célèbre qui a tant fait pour l'Église, la science et la civilisation, naquit à Norcia, d'une famille noble, en 480. Dans la première jeunesse, il quitta Rome où il faisait ses études, pour se refugier dans une grotte de Subiaco, afin d'éviter les dangers du monde et de se donner tout entier à Jésus-Christ. Il y passa trois ans connu seulement de l'hermite saint Romain qui le nourrissait du reste de ses jeûnes. Tenté contre la chasteté, il se roula tout nu sur des épines qu'enta plus tard saint François d'Assise et qui maintenant donnent des roses que l'on conserve par dévotion.

Des religieux de *Vicovaro*, dans le voisinage, le supplièrent de venir se mettre à leur tête. Il se rendit à leurs désirs ; mais ces religieux qui ne pouvaient souffrir le blâme de ses exemples et la vie régulière à laquelle il voulait les assujétir, tentèrent de se défaire de lui par le poison. Benoit éclairé d'en haut fit un signe de croix sur la coupe empoisonnée qui se brisa à l'instant même. Il revint donc à sa grotte de Subiaco, appelée par respect dans la langue du pays *Sacro Speco*, la Sainte Grotte.

Cependant le bruit de la sainteté et des miracles de Benoit s'était répandu dans les environs. Equizio et Tertullo de la noble famille *Anici*, vinrent le visiter et lui firent don du village de Subiaco et de son territoire. C'est l'origine de cette abbaye dont Monseigneur Jannucelli a fait dernièrement l'histoire. Le premier lui conduisit son fils Maur, âgé de 14 ans, et le second, son fils Placide, âgé seulement de 7, pour être élevés dans la vie monastisque. Beaucoup d'autres s'empressèrent de venir se mettre sous la conduite du grand Patriarche dans la pensée de travailler plus sûrement au salut de leur âme. Il bâtit pour eux, non loin de sa solitude, douze monastères dont chacun rappelle de précieux souvenirs. Les restes de plusieurs se voient encore aujourd'hui.

Saint Benoit passa, à Subiaco, trente-cinq ans, pendant lesquels il composa la règle de son Ordre, et vraisemblablement au *Sacro Speco*. Il y fut en butte, non-seulement aux persécutions directes de l'enfer ; mais encore d'un prêtre jaloux du voisinage, nommé Florenzio, qui essaya de lui ôter la vie du corps et même celle de l'âme ainsi qu'à ses religieux. Il quitta donc Subiaco l'an 529, pour aller fonder le monastère du Mont-Cassin, où le don des miracles et, en particulier, le don de prophétie continua à le rendre célèbre et à lui attirer la visite des plus illustres personnages. Il y mourut peu de temps après sainte Scholastique, sa sœur, dans le courant de 543. Saint Maur mourut en France où il établit la Congrégation bénédictine qui porte son nom, et saint Placide fut martyrisé à Messine où il avait fondé un couvent de son Ordre.

Chaque lieu des environs du *Sacro Speco* conserve quelque souvenir de saint Benoit ou de ses disciples : *Rojate*, au milieu des montagnes, possède le rocher sur lequel saint Benoit passa la nuit en se rendant à Subiaco et où l'on voit l'empreinte de son corps : *Afile* rappelle le crible en terre brisé et rendu à son premier état : la *chapelle* à droite avant d'arriver à sainte Scholastique, saint Maur marchant sur les eaux du lac voisin pour en retirer saint Placide; *sainte Scholastique*, entre autres réminiscences sacrées et profanes, l'ancien monastère de saint Clément, l'un des douze fondés par saint Benoit, saint Honoré, successeur immédiat du Patriarche et le vénérable Bède dont les corps se trouvent dans la crypte de l'église, etc.: la *Crocella* en s'avançant vers le *Sacro Speco*, l'endroit où saint Romain rencontra saint Benoit et lui donna l'habit monastique : *San Biaggio*, l'habitation de l'hermite saint Romain, devenue plus tard l'un des douze monastères primitifs et d'où il faisait passer des vivres, au moyen d'une corde, à saint Benoit, dont la grotte est perpendiculairement au-dessous : *Il Beato Palombo*, le premier bénédictin, qui ait commencé à faire un monastère du *Sacro Speco* : *Il Beato Lorenzo*, les pénitences du fervent religieux de ce nom, l'ancien couvent de *Morabotte*, l'un des douze primitifs, l'apparition de l'ange à saint Benoit lui annonçant les cinq faveurs signalées que Dieu accordait à son Ordre et l'habitation du P. Muard avec ses compagnons, fondateur des Bénédictins de la Pierre-qui-vire en France, etc.

Le sanctuaire lui-même du *Sacro Speco*, suspendu sur un précipice et adossé à la montagne

a sept étages et quatorze autels. Saint Benoit
commença les travaux, l'abbé Pierre I les continua en 853, l'abbé Humbert les acheva en 1052,
l'abbé Jean V les augmenta en 1116, un autre
abbé du nom de Jean orna le sanctuaire de
peintures en 1220, l'abbé Jule de Mantoue le dé-
cora en 1595, l'évêque bénédictin Tedeschi le
dota en 1739 et l'abbé Casaretto, supérieur
actuel dè la province de Subiaco, l'a complète-
ment restauré en 1856.

Les inscriptions qui concernent différents su-
jets, appartiennent à plusieurs époques et sont
précieuses : celles qu'à fait placer dernièrement
le Père Casaretto sont fort remarquables sous
tous les rapports.

Les fresques représentent des faits de l'ancien
et du nouveau Testament, de la vie de saint
Benoit et de ses disciples, de saint Grégoire-le-
Grand, de saint François d'Assise, des Hermites,
Anachorétes, etc. Plusieurs certainement sont
dues aux pinceaux des grands maîtres ou à leur
école. Un certain nombre remonte à la plus
haute antiquité comme la sainte Vierge et l'Enfant Jésus de la chapelle des Missionnaires.

Les limites du plan que nous nous sommes
tracé ne nous permettent pas de développer
chaque souvenir religieux du *Sacro Speco* et
les alentours, tant ils sont nombreux et variés !

Le pieux pélerin devra avoir recours à la complaisance empressée des Bénédictins, s'il désire avoir les explications précieuses que nécessite chacun de ses pas sur cette terre bénie. Il trouvera cependant ci-dessous *in extenso* les faveurs spirituelles que l'Église a mises à sa disposition.

INDULGENCES PLÉNIÈRES.

1º Du dimanche de la Septuagésime au Mercredi des Cendres exclusivement. *Grégoire XV*, 28 *Septembre* 1583.

2º Du Dimanche de la Passion à Pâques. *Idem.*

3º Une fois dans le mois de mai. *Idem.*

4º Une fois pendant l'Octave de la Toussaint. *Idem.*

5º Une fois chaque mois pour visiter, contrit, confessé et communié, le *Sacro Speco*, et y prier pour la concorde entre les princes chrétiens, l'extirpation des hérésies et l'exaltation de notre mère, la sainte Eglise. *Clément XI*, 22 *novembre* 1701 *et Pie VII*, 25 *juillet* 1817.

6º Le jour de la fête de Saint Maur (15 janvier), pour visiter, confessé et communié, le sanctuaire du *Sacro Speco*, en priant selon l'intention du Souverain Pontife. L'indulgence est accordée aux mêmes conditions en faveur de toutes les autres églises des religieux et religieuses de Saint-Benoit. *Clément X et Innocent XI.*

7º Le jour de la fête de sainte Scholastique (10 février), avec extension, aux conditions précédemment indiquées, à toutes les églises bénédictines. *Idem.*

8º Le jour de la fête de saint Benoit (21 mars), avec extension, etc. *Idem.*

9º Le jour de la fête de saint Placide (5 octobre), avec extension, etc. *Idem.*

10º Le jour de la fête des saints Moines (13 novembre), avec extension, etc. *Idem.*

11º Le jour de la fête de sainte Gertrude (17 novembre), avec extension, etc. *Idem.*

12º Le jour de la fête de sainte Chélidoine (13 décembre) aux mêmes conditions que précédemment. *Pie VI.* 1796.

INDULGENCES PARTIELLES.

1º *Dix ans et dix qnarantaines* les jours des Quatre-Temps de Septembre, pour visiter, confessé et communié, le sanctuaire du *Sacro Speco. Pie II*, 1461.

2º *Neuf ans et autant de quarantaines,* le jour de la fête de saint Romain (9 août*)*, pour visiter, confessé et communié, le sanctuaire du *Sacro Speco. Léon IX*, 1051.

3º *Item* le jour de la fête de saint Blaise (3 février), évêque et martyr. *Grégoire IX*, 1228.

4º *Item* le jour de la fête de saint Maur (15 janvier). *Idem.*

5º *Item* le jour de la fête de saint Benoît (21 mars). *Célestin V*, 1294.

6º *Sept ans et autant de quarantaines* chaque fois que confessé et communié, on montera la *Scala Santa* du *Sacro Speco. Grégoire XV*, 28 *septembre* 1583.

7º *Item* le jour de la fête de saint Grégoire-le-Grand (12 mars), pour visiter, confessé et communié , le sanctuaire du *Sacro Speco*, en priant selon l'intention du Souverain-Pontife. *Léon IX*, 1051.

8º *Item* une fois le jour , pour visiter l'église de l'ermitage du *Beato Lorenzo* , en récitant trois *Pater*, *Ave* et *Gloria*, et priant à l'intention du Souverain-Pontife. *Grégoire XVI*, *2 juin* 1834.

9º *Cinq ans et autant de quarantaines* le jour de la fête de saint Placide (5 octobre). *Grégoire IX*, 1228.

10º *Item* le jour de la fête de sainte Flavie (5 octobre), sœur de saint Placide. *Idem.*

11º Quarante jours pour chaque baiser donné au pied de la statue de saint Benoit, placée dans la chapelle du *Sacro Speco*. *Grégoire XVI*, *2 juin* 1834.

12º *Item* pour chaque baiser donné à la croix en pierre élevée sur la droite du sentier qui conduit de Sainte-Scholastique au *Sacro Speco*. *Idem*,

13º *Trois ans et autant de quarantaines*, le jour de la tête de saint Nicolas évêque de Myre (16 décembre), et appelé plus ordinairement saint Nicolas de Bari. *Léon IX*, 1052.

14º *Item* le jour de sainte Scholastique (10 décembre), pour visiter, confessé et communié, le sanctuaire du *Sacro Speco*. *Urbain VI*, 1386.

15º *Un an et une quarantaine* le jour de la fête de saint Michel Archange (29 sep-

tembre), pour visiter, confessé et communié,
le sanctuaire du *Sacro Speco*. *Idem.*

Observation. 1º Toutes les indulgences
précédentes, attachées à la visite du sanctuaire du *Sacro Speco*, sont transférées , en
faveur des femmes qui ne peuvent pas y
monter aussi souvent, à la chapelle dite la
Crocella, où les postulants bénédictins re-
çoivent l'habit de novice, en mémoire du
souvenir indiqué plus haut. *Pie II, 1461.*

2º Beaucoup d'indulgences que nous ne
pouvons préciser, à cause de l'insuffisance
des documents, ont été accordées à la chapelle sous le vocable de saint Grégoire, du
Sacro Speco. Grégoire IX, 1228.

3º Nous avons mis à la suite du sanctuaire de Saint-Benoit une Notice sur sa
médaille où croix et sur les indulgences et
priviléges dont elle est enrichie, dans la pensée d'être agréable et utile aux personnes
pieuses, pour lesquelles nous écrivons. Elles
seront aussi heureuses d'apprendre que le
pape Pie IX a daigné accorder, par un bref
du 28 juillet 1863, une indulgence de cinquante jours applicable aux âmes du purga-

toire, chaque fois que d'un cœur contrit et
en ajoutant l'invocation de la très-Sainte
Trinité, elles feront le signe de la Croix
sur elles-mêmes.

APPROBATION.

Ego infrascriptus testor, indulgentias tum plena-
rias tum partiales supra memoratas, ab authenticis
monumentis depromptas fuisse, ita ut de ipsarum
veritate minime dubitari possit.

In quorum fidem.

Die xv Octobris MDCCCLXIV.

L. † S.

B. COLUMBANUS CANEVELLO, O. S. B.

Tabularii Sublacensis Custos ac Prior.

MÉDAILLE OU CROIX DE SAINT BENOIT.

Cette Médaille représente la *Croix*, l'*Effigie* de saint Benoît et quelques *Caractères* (1).

(1) On trouve cette Médaille frappée dans les conditions voulues chez Dupray de la Mahérie, 6, rue de Médicis, près le Luxembourg, à Paris; et chez E. Marquis, 11, quai Saint-Antoine, à Lyon.

Les caractéres ou lettres **C. S. P. B.** placées entre les branches de la croix, signifient *Crux Sancti Patris Benedicti, Croix du saint Père Benoît,* et expliquent le but de la Médaille.

Les lettres C. S. S. M. L. de la ligne perpendiculaire de la croix sont les initiales de *Crux Sacra Sit Mihi Lux, Que la Croix soit ma lumière;* et celles de la ligne horizontale de la même Croix N. D. S. M. D., les initiales de *Non Draco Sit Mihi Dux, Que le Dragon ne*

soit point mon chef. Les deux lignes réunies forment un vers pentamètre, exprimant la confiance du chrétien dans la Croix et son aversion pour le joug du démon.

Autour de la médaille se trouvent le monogramme ordinaire IHS du saint Nom de Jésus dont chacun connaît la toute puissance, et les lettres V. R. S. N. S. M. V. = S. M. Q. L. J. V. B. qui sont les initiales du dystique.

> Vade retro, Satana ; nunquam suade mihi vana ;
> Sunt mala quæ libas ; ipse venena bibas.

Retire-toi, Satan ; ne viens pas me conseiller les vanités ; le breuvage que tu verses est le mal ; bois toi-même tes poisons. Les premières paroles ont été sanctifiées par Notre-Seigneur lui-même, et toutes sont censées sortir de la bouche de saint Benoît lors de sa tentation contre la chasteté et au moment où ses ennemis lui présentèrent la coupe empoisonnée. Les *vanités* sont la désobéissance aux lois de Dieu, les pompes et les fausses maximes du monde, et le *breuvage*, le *péché* qui donne la mort à l'âme.

Le chrétien peut s'approprier ces diverses sentences pour les opposer aux artifices et aux violences de Satan ; et la Croix, l'Effigie du Saint, le Nom sacré de Jésus, le souvenir des paroles du Sauveur dans la tentation du désert, et celui des victoires du grand Patriarche, le rendront lui-même toujours triomphant.

L'origine de la Médaille de saint Benoît ne paraît pas être postérieure au commencement du onzième siècle.

Saint Léon IX, pape de 1049 à 1054, encore enfant, fut guéri miraculeusement d'une bles-sure venimeuse et mortelle par l'attouchement d'une croix qu'un vieillard vénérable portait au bout d'un baton et qu'il reconnut à ce signe être saint Benoît.

Ce fait porte à croire qu'on était déjà dans l'usage de représenter le Patriarche d'occident avec la croix, intrument entre ses mains de tant de merveilles, et il a été vraisemblablement l'occasion de la lui donner pour attribut perma nent, surtout en Allemagne où saint Léon IX passa la plus grande partie de sa vie.

L'aveu des magiciennes de Nattremberg, en Bavière, l'an 1617, emprisonnées par l'autorité publique comme coupables d'avoir exercé leurs maléfices contre la sécurité des habitants, vint mettre la Médaille de saint Benoît en relief et renouer les traditions peut-être interrompues. Elles déclarèrent devant les tribunaux qu'elles n'avaient rien pu faire contre l'abbaye de Metten, parce que la Croix la protégeait. On trouva, en effet, sur les murs de l'église plusieurs représentations antiques de la Croix ou Médaille de saint Benoît avec les caractères que nous venons d'indiquer. Un manuscrit de la bibliothèque, de 1415, en donna l'explication, complétement oubliée, du moins dans ce monastère, et c'est celle que nous avons donnée nous-mêmes.

Les merveilleux effets de la Médaille sur les âmes, les corps, les éléments, etc., constatés de tous côtés, comme ils l'ont été depuis et jusqu'à nos jours, engagèrent le savant Benoît XIV à les soumettre à un examen sérieux. Sur la demande de Bennon Lübel, abbé de Sainte-Marguerite de Prague, le pontife, par un bref du 12 mars 1742, approuva la Médaille avec la *Croix* l'*Effigie* de saint Benoit et les *Caractères* qu'elle présente, la formule de bénédiction qui doit y être appliquée, accorda les indulgences et priviléges ci-dessous à ceux qui la porteraient sur eux et donna aux Bénédictins de Bohême, de Moravie et de Silésie le pouvoir de la bénir.

Cette concession a été étendue depuis aux diverses Congrégations bénédictines, et Pie IX heureusement régnant, le 27 juin 1856, a autorisé le Supérieur et le Procureur général *pro tempore* de la Congrégation du mont Cassin, résidant dans le couvent de Saint-Calixte à Rome à déléguer d'autres prêtres du clergé régulier et séculier à l'effet de la bénir avec les mêmes faveurs spirituelles pour toutes les parties du monde catholique. Sa Sainteté, le 22 septembre 1863, a donné la même autorisation à Dom Guéranger, abbé de Solesme, auteur d'une brochure intéressante sur la Médaille, mais seulement pour la France.

Non-seulement on porte sur soi la Médaille de saint Benoît pour gagner les indulgences, avoir la protection du Saint, etc., mais on la fait aussi porter à d'autres, on la place sur les murs et les portes des habitations, dans les fondements des édifices, dans l'eau avec laquelle on abreuve les animaux, sur les navires qui traversent les mers, etc., pour obtenir des conversions, écarter les embûches du démon ou les faire cesser, guérir les animaux ou les préserver, conserver les biens de la terre, éviter les accidents de toute nature, etc.

INDULGENCES ET PRIVILÉGES.

I. Toutes les indulgences suivantes, pour tous les fidèles indistinctement qui portent la Médaille régulièrement bénite de Saint-Benoît et font les œuvres prescrites, sont applicables aux âmes du purgatoire.

II. Les Médailles de Saint-Benoît, pour recevoir les indulgences par la bénédiction, doivent être exclusivement d'or, d'argent, d'airain, de cuivre ou de tout autre matière solide.

III. Suivant le décret d'Alexandre VII, du 6 février 1657, les indulgences des Médailles de Saint-Benoît ne sont que pour ceux auxquels ces Médailles ont été accordées, ou les personnes à qui ceux-ci les ont distribuées pour la première fois. De plus, ces Médailles, après leur bénédiction, ne peuvent être ni prêtées, ni vendues, ni données précairement à d'autres, sans perdre les indulgences qui y sont attachées, et si l'on vient à en perdre quelqu'une, on ne peut la remplacer que par une autre également bénite, pour avoir droit aux indulgences.

I.

INDULGENCES PLÉNIÈRES.

1° *Indulgence plénière* les jours de Noël, de l'Epiphanie, de Pâques, de l'Ascension, de la Pentecôte, de la Trinité, de la Fête-Dieu, de l'Immaculée Conception, de la Nativité, de l'Annonciation, de la Purification, de l'Assomption, de la Toussaint et de saint Benoît, aux conditions ordinaires de confession, de communion et de prière pour l'extirpation des hérésies et des schismes, l'exaltation et la propagation de la foi catholique, la paix et la concorde entre les princes chétiens, et les autres besoins de l'Eglise, à quiconque est dans l'habitude, au moins une fois la semaine, de réciter le Chapelet de Notre-Seigneur ou celui de la sainte Vierge, ou le Rosaire, ou sa troisième partie, ou l'Office divin, ou le Petit-Office de la sainte Vierge, ou celui des Morts, ou les sept Psaumes de la pénitence, ou les psaumes graduels, ou d'enseigner les éléments de la foi, ou de visiter ceux qui sont détenus en prison, ou les malades des hôpitaux, ou de secourir les pauvres, ou d'entendre la messe, ou de la célébrer s'il est prêtre.

2° *Item* à celui qui se confessera et fera la sainte communion les vendredis et samedis, pourvu qu'il ait observé le jeûne ces mêmes jours pendant une année entière. Cette faveur est accordée pareillement à celui qui ayant l'intention d'accomplir les jeûnes en entier, mourra dans le courant de l'année.

3° *Item* le Jeudi-Saint, aux conditions

ordinaires de contrition , de confession , de communion et de prière pour l'exaltation de notre mère la sainte Eglise et la conservation du Souverain Pontife.

4° *Item* le jour de Pâques , aux mêmes conditions que précédemment.

5° *Item* à l'article de la mort, à celui qui, recommandant son âme au Seigneur et s'étant confessé et ayant communié, s'il en est capable , ou ayant au moins fait de cœur un acte de contrition invoquera de bouche, s'il le peut, ou au moins de cœur, les saints Noms de Jésus et de Marie.

II

INDULGENCES PARTIELLES.

1° *Vingt ans* , une fois par semaine , à celui qui priera tous les jours pour l'extirpation des hérésies.

2° *Sept ans et sept quarantaines* aux conditions du N. 1° des Indulgences plénières pour chacune des fêtes de Notre-Seigneur et de la sainte Vierge qui n'y sont pas indiquées, et pour chacune des fêtes des Apôtres, de saint Joseph , époux de Marie, de saint Maur, de saint Placide, de sainte Scholastique et de sainte Gertrude.

3° *Item* à celui qui entendra la sainte Messe, ou la célèbrera, s'il est prêtre, et priera Dieu pour la prospérité des princes chrétiens et la tranquillité de leurs états et possessions.

4° *Item* pour jeûner le Vendredi, par dévotion à la Passion de Notre-Seigneur.

5° *Item* pour jeûner le Samedi, en l'honneur de la sainte Vierge.

6° *Sept ans* pour réciter le Chapelet ou le Rosaire en l'honneur de la très-pure et Immaculée Conception de Marie, lui demandant, par son intercession près de son divin Fils, la grâce de vivre et de mourir exempt de péché mortel.

7° *Item* en plus des indulgences accordées par les Souverains Pontifes (*Recueil de Prières et d'Œuvres pies*) pour accompagner avec dévotion le saint Viatique lorsqu'on le porte aux malades.

8° *Un an* à celui qui vraiment contrit, avec la ferme résolution de se corriger de ses fautes et de les confesser, récitera cinq fois l'Oraison Dominicale et la Salutation Angélique. S'il se confesse et communie, il gagnera, ce même jour, une indulgence de *dix ans*.

9º *Deux cents jours* pour chaque fois en plus des indulgences accordées par les Souverains Pontifes, à celui qui visitera les personnes détenues en prison, ou les malades des hôpitaux, les aidant de quelque œuvre de miséricorde, ou enseignera la doctrine chrétienne à l'église, ou à la maison à ses enfants ou domestiques.

10º *Cent jours* pour chaque journée, à quiconque sera dans l'habitude de réciter, au moins une fois par semaine, le Chapelet, ou le Rosaire, ou l'Office de la sainte Vierge, ou celui des Morts, ou leurs Vêpres avec au moins un Nocturne et Laudes, ou les sept Psaumes Pénitentiaux avec les Litanies et Prières qui suivent, ou cinq fois l'Oraison Dominicale en l'honneur du Nom sacré de Jésus ou de ses cinq Plaies, ou en l'honneur du saint Nom de Marie cinq fois la Salutation Angélique, ou le *Sub tuum* avec l'une des oraisons approuvées, pour la sainte Vierge.

11º *Item* une fois le Vendredi pour réciter trois fois l'Oraison Dominicale et la Salutation Angélique, et réfléchir pieusement sur la passion et la mort de Notre-Seigneur.

12° *Item* à tous ceux qui par dévotion envers saint Joseph, saint Benoît, saint Maur, sainte Scholastique et sainte Gertrude, réciteront le psaume *Miserere* ou cinq fois l'Oraison Dominicale et la Salutation Angélique, en priant Dieu, par l'intercession de ces Saints, de conserver l'Eglise Catholique et de leur donner à eux-mêmes une fin heureuse et tranquille.

13° *Cinquante jours* à celui qui, avant de célébrer la messe ou de communier ou de réciter l'office divin ou celui de la sainte Vierge, fera quelque pieuse prière.

14° *Item* à celui qui priera Dieu pour les fidèles à l'article de la mort et récitera à leur intention trois fois l'Oraison Dominicale et la Salutation Angélique.

15° *Quarante jours* pour réciter habituellement une ou plusieurs fois par jour l'oraison jaculatoire; *Bénie soit la très-pure et Immaculée Conception de la bienheureuse Vierge Marie.*

16° *Le tiers* de la peine temporelle due aux

péchés, à celui qui, par ses bons exemples ou ses conseils, aura ramené un pécheur à la pénitence.

III.

PRIVILÉGES.

1º Celui qui priera Dieu pour la propagation de l'Ordre de saint Benoît, participera à toutes les bonnes œuvres qui s'y font quelles qu'elles soient.

2º Celui qui, par maladie ou tout autre empêchement légitime, sera dans l'impossibilité d'entendre la messe ou de la célébrer, s'il est prêtre, ou de dire l'office divin, ou celui de la sainte Vierge, ou de pratiquer les autres exercices de vertu indiqués précédemment pour l'acquisition des indulgences, pourra cependant en profiter, en remplaçant les dites prescriptions par la récitation de trois *Pater* et trois *Ave* et du *Salve Regina* suivi de l'aspiration : *Bénie soit la très-sainte Trinité, et loués soient le très-saint Sacrement et la Conception Immaculée de la Bienheureuse Vierge Marie*, pourvu qu'il ait fait la confession et la communion, ou qu'au moins il ait le ferme propos de confesser ses péchés.

FORMULE DE BÉNÉDICTION.

℣. Adjutorium nostrum in nomine Domini.

℟. Qui fecit Cœlum, et Terram.

Exorcizo vos numismata per Deum Patrem † Omnipotentem, qui fecit Cœlum, et Terram, Mare, et omnia quæ in eis sunt. Omnis virtus adversarii, omnis exercitus Diaboli, et omnis incursus, omnia phantasmata Satanæ eradicare, et effugare ab iis numismatibus, ut fiant omnibus qui eis usuri sunt, salus mentis, et corporis, in nomine Patris † Omnipotentis, et Jesu † Christi Filii ejus Domini Nostri, et Spiritûs Sancti † Paracliti, et in caritate ejusdem Domini Nostri Jesu Christi, qui venturus est judicare vivos, et mortuos, et sæculum per ignem. ℟. Amen.

Kyrie eleison, Christe eleison, Kyrie eleison.

Pater noster, etc.

℣. Et ne nos inducas in tentationem.

℟. Sed libera nos a malo.

℣. Salvos fac servos tuos.

℟. Deus meus sperantes in te.

℣. Esto nobis, Domine, turris fortitudinis.

℟. A facie inimici.

℣. Dominus virtutem populo suo dabit.

℟. Dominus benedicet populum suum in pace.

℣. Mitte eis, Domine, auxilium de Sancto ;

℟. Et de Sion tuere eos.

℣. Domine, exaudi vocem meam.

℟. Et clamor meus ad te veniat.

℣. Dominus vobiscum.

℟. Et cum spiritu tuo,

OREMUS.

Deus omnipotens bonorum omnium Largitor, supplices te rogamus, ut per intercessionem Sancti Patris Benedicti his sacris Numismatibus, Litteris ac Characteribus a te designatis, tuam benedictionem infundas, ut omnes qui ea gestaverint, ac bonis operibus intenti fuerint, sanitatem mentis, et corporis, et gratiam Sanctificationis, atque indulgentias Nobis concessas consequi mereantur, omnesque Diaboli insidias, et fraudes per auxilium misericordiæ tuæ effugere valeant, et in conspectu tuo sancti et immaculati appareant. Per Dominum nostrum etc.

OREMUS.

Domine Jesu Christe , qui voluisti pro totius mundi redemptione de Virgine nasci, circumcidi, a Judæis reprobari _ Judæ osculo tradi , vinculis alligari, spinis coronari, clavis perforari, inter latrones crucifigi, lancea vulnerari, et tandem in Cruce mori ; per hanc tuam Sanctissimam Passionem humiliter exoro, ut omnes diabolicas insidias, et fraudes expellas ab eo, qui Nomen Sanctum tuum, his Litteris et Characteribus a te designatis, devote invocaverit, et eum ad salutis portum perducere digneris. Qui vivis et regnas, etc.

Benedictio Dei Patris † Omnipotentis et Filii † et Spiritûs † Sancti descendat super hæc Numismata, ac ea gestantes, et maneat semper.

In Nomine Patris †, et Filii †, et Spiritûs Sancti †. Amen.

A la fin on asperge la Médaille avec de l'eau bénite.

FIN.

Louis-Jacques-Maurice Card. De BONALD,
Archevêque de Lyon et Vienne, Primat
des Gaules, etc.

Deux Ouvrages ont été publiés par Monsieur l'abbé Pallard, l'un intitulé : *Recueil de Tiers-Ordres, Archiconfréries, etc...*, et l'autre portant le titre : *Recueil de Prières et d'Œuvres Pies, etc...* Nous croyons ces deux livres très-utiles aux personnes pieuses et nous en recommandons la lecture.

Rome, le 11 Février 1864.

† L.-J.-M. Card. De BONALD,
Arch. de Lyon.

EN VENTE

CHEZ PERISSE FRÈRES, LIBRAIRES.

◇

Ouvrages de M. L. Pallard.
Docteur en Théologie, etc.

RECUEIL DE PRIÈRES ET D'ŒUVRES PIES auxquelles les souverains Pontifes ont attaché des Indulgences, treizième édition romaine, corrigée et augmentée des concessions du très-saint Père Pie IX, par Mgr Louis Prinzivalli ; camérier d'honneur de Sa Sainteté, Substitut de la Sacrée Congrégation des Indulgences et Saintes-Reliques ; traduit de l'italien par L. Pallard, *seule version approuvée par la Sacrée Congrégation des Indulgences ;* troisième édition, 1 beau vol. in-18, de 628 pages, 2 fr. 50.

RECUEIL DE TIERS-ORDRES, Archiconfréries, Confréries, Scapulaires, Congrégations spirituelles, Pieuses Unions, Œuvres, Associations et Sanctuaires, auxquels sont attachés des indulgences et autres faveurs spirituelles ; *ouvrage revêtu d'un grand nombre d'Approbations et d'un Décret de la Sacrée Congrégation des Indulgences,* un beau vol. in-18 de 636 pages, 2 fr. 50.

LES MINISTÈRES ECCLÉSIASTIQUES DU SAINT-SIÉGE, dans la douxième année du Pontificat de Pie IX, un vol. in-12.